JN438719

김계식

마방진

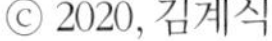

마방진

김계식 시집 26

신아출판사

시인의 말

앞을 향해 구르는 바퀴,
굴러가게 놓아두는 게 편하다는 생각에
그 축軸에 또 한 방울의 윤활유를 치고 있습니다.

어울려 살아가는 삶에는
언제나 고운 엮임이 있어야 한다는 믿음으로
너 '날줄' 될 때, 나 '씨줄'이 되거나
나 '날줄' 될 때, 너 '씨줄' 되기를 바라는
제 손 내미는 마음의 발현으로 보아주시기 바랍니다.

이제 더 내보일 수 없을 만큼
바닥을 닥닥 긁어 내보이고 있음이라서
어찌 부끄럽지 않을 수 있을까마는
해감내는 나지 않을 것이라는 자위로
자신을 다독이고 있습니다.

처음에서 지금까지 죽 그래왔듯이
아무도 모를 산통은 제 몫으로 잘 추스르고 있으니
스물여섯 번째의 해산을
그저 예쁘게 받아주시기 바랍니다.

2020년 11월 초, 종남산 자락에서

瀛州 **김 계 식**

● 여는 글

시안(詩眼)으로 본 사계(四季)

허기진 새 몇 마리 어지럽게 지저귀는 소리 끝으로 밝아오는 여명, 숨을 몰아쉬던 바람도 밤새 묻은 어둠을 떨쳐내고 있다. 화창한 날에 아른거리는 '아지랑이'도 채 다가서기 전 풍전세류로 비웃음 당하던 수양버들이 엄동 속 온기 휘어잡아 연녹색 푸름으로 춘산을 입짓하며 화해의 손을 내민다.

어찌 하늘의 드높음만이랴. 생명 가진 것들의 짙은 소망 그 생기로 피어나는 숨결인 걸. 새로운 봄소식 먼저 맞이할 수 있는 언덕에 올라 발목 잡은 젖은 시간을 털어내며 꿈으로 봄기운으로 맑은 새벽을 맞는다. 봄을 맞는다.

아직도 허연 눈발을 뒤집어쓴 이른 봄 산자락의 게으른 봄마중이다. 입춘에 어렵사리 불려나온 우수(雨水)의 살얼음 풀리는 소리 들린다. 어디서 그 소릴 들었는지 진흙 질컥한 짚신 바닥을 동구(洞口) 정자나무의 노근(露根)에 쓱쓱 닦고 있었다.

새벽 기침(起枕)을 어려이 참고 아랫목 뭉그적거리는 노인과 달리 터진 바짓가랑이 불알 내보이는 아이놈 벌써 이른 봄 산에 안달한다. 언치가 부담스런 외양간 누렁이 논밭 갈던 두려움 까맣게 잊고 틈 둑 보드라운 새 풀잎 냄새에 되새김질 하는 아래턱이 더욱 바쁘다. 두어 장 넘어감을 인지한 지금에야 게으름에 젖은 무르팍에 힘을 모으는 늦깎이 봄 마중.

폭염(暴炎) 몸 사릴 때 붙박임보다 작은 부유(浮游)를 감사하는 부레옥잠은 하늘 피어나는 흰 구름 빛깔을 굳히고 땡볕 줄곧 갈라대는 쓰르라미 소리를 점철하며 벌써 여리게 들어서는 살살이 꽃 하늘거림을 꿈 그리듯 숙연하다. 익힌 인연으로 감지하는 나는 옥비녀에 서린 설움 닦아내는 한 줄기 바람. 폭염 그늘로 파고들며 푸는 회오를 그냥 모르쇠 하고 있다.

상사화 피는 계절 허공을 향한 울부짖음, 메아리마저 내려앉을 곳을 잃었다. 더 붉게 타오르는 열정으로 소진을 까맣게 모르는 부단한 재연(再燃)이었다. 이윽고 또 이울고 찾을 길 없는 빛과 소리 어렴풋한 방향을 짚어 솟아나는 푸른 잎사귀는 어느 때 어느 곳에서 이루어낼 해후(邂逅)이더냐. 같은 이름으로 불려도 끝내 등진 대답 언제 어디서 하나 될 것인가.

가림 없이 내리쬐던 한여름의 열기, 밤 시간 점철하는 귀뚜라미의 호곡으로 한풀 꺾여 양지로 뜨겁고 음지로 시원한 얼룩빼기가 된다 싶더니 마당 한복판으로만 더 두터운 햇볕은 붉은 고추 닦달하고 콩 꼬투리 비집어 콩알을 세다가 물러감을 앙탈하는 뒷자락 가을은 그렇게 시나브로 다가왔다,

익어가는 벼이삭 따라 변해가는 토실한 메뚜기는 손 빠른 아이의 손에 붙잡혀 피 꽃대로 만든 꿰미에 여린 살과 등껍질 사이로 꿰이던 날이다. 내일도 모르는 놈 퇴화된 입에 생식기만 내세우는 놈이라고 비아냥거렸던 하루살이가 그냥 부러웠다. 세상 으스대던 벗어진 이마면 무엇 하며 튼실한 날개면 무엇 할 것인가?

생각에서 운명까지 시베리아 툰드라 동토(凍土)가 운해를 넘어 보료로 보이던 날, 사뿐히 내려앉고 싶다는 생각이 자꾸만 뇌리에 채워진다. 하지만 다행히도 말로 바꾸지 않고 깊이 묻어둔 결과인지 우랄산맥을 넘을 때 덜커덩 기체 내려앉는 이상기류를 운명 아닌 현실로 받아들이며 오싹 오금 저린 순간을 맞았다. 생각-말-행동-습관-성격-운명 이런 절차로 생각이 끝내 운명이 되는 거라면 그날의 내 심신은 지금 영원히 녹지 않는 빙벽 속에 갇히고 말았을지도 모른다는 생각이 솔깃이 인다.

차 례

제2장
문득 찾은 본연

제3장
자업자득의 굴레

제4장
평안의 바탕

제5장
되어 가는 중

제1장

푸름이 된 날

소나무 벗 삼아

굳은 절개로 이름 불려서만
그런 게 아니지
네가 그려내고 있는 생김새에
은근히 풍겨내는 고상한 품성
고이 품어 살기를 바라는 마음이라서

낮은 언덕 깊은 산속까지 쫓아다니며
너를 배우다가
이제는 더는 못 참겠다싶어
집 안에 들인 몇 그루 소나무

학이 날아와 깃을 틀고
바람을 헤는 옷자락 소리
향긋한 솔 향을 뿜어내고

계절을 모른 척
송운松韻 송성松聲 송도松濤
어디에도 비길 수 없는 뜻깊은 음향으로
세상을 읽어주는 나의 벗

너를 따르는 곧은 자세로
또 한 줄기 동그란 나이테를
단단히 그려가고 있단다

매화

아직은 엄동설한의 한복판
여민 옷섶마냥 꼭 닫힌 마음의 문
새봄을 엿듣는 것조차 사치였는데

스쳐지나가는 훈풍 한 자락
아무도 몰래 붙잡았는지
검은 가지 위 소복이 덮인 잔설을 털고
가쁜 숨 몰아쉬는 매화나무

생각지도 못한 발설마냥 불쑥 내민
마음 짠한 꿈의 증표
어찌 그냥 고운 꽃으로 바라보며
입에 붙은 몇 마디 찬사로 치부할 일이더냐

사군자의 첫머리보다 더 윗자리에 앉히고
네 깊이 이르는 묵언수행을
부단히 배우고 익히며
꿈의 씨눈을 틔우고 열매를 익힐 일이다

조팝꽃

코 들이밀기는커녕
먼빛으로만 너를 보며 스쳐 지났는데도
뿌듯이 안겨준 흐드러진 함성

멀어질수록
연초록 떠받침 받은 순백의 군락
멍한 머릿속 말끔히 닦아내고
맑은 향기로 온몸 가득 채워주는 너

뭉뚱그린 회한으로 남기 전에
네 하나하나의 작은 독백을 귀담아
눈 감으면 더 훤히 드러날
뚜렷한 모습 새겨놓아야겠다는 다짐

고운 꿈 엮고 있는 나의 별
은하수 속에 묻혀 제 주장 드러내지 않아도
반가운 조우를 기다릴 거라는
시린 그리움이 피어나는 봄의 한복판

마음 밭에 빚은 채전

서툰 손놀림이어도
마음이야 천의무봉을 빚는 마음

상추 고추 아욱 가지 오이 토마토
어린 모종 몇 포기씩을
지심 새어나갈까 검정 비닐로 덮은 땅에
숨구멍 같은 동그란 구멍 뻥 내어
고이 심어나갔다

앞서 터 잡은 머위와 부추
함께 어우러져
마음 밭 가득 채울 푸른 함성
귓전에 맴도는 것을

어찌 값을 매길 수 있으랴
천진무구한 저 어린 싹들
잎으로 열매로 빚어낼 푸른 꿈 그림에
벌써 입 꼬리에 걸리는 미소

마음바탕에
그들 닮은 새 움이 돋고
그려나가는 푸른 내일이
싱그러운 풍요로 출렁이는 이 기쁨

봄날의 희비

갖가지 빛과 모양으로
계절의 한복판을 누리는 봄꽃들의
향연

시샘 없는 부러움으로
잔치에 어울리고 싶은 소나무 여린 순
제 할 일 이것이라는 마음으로
우쭐우쭐 키워낸 열여덟 미려美麗

뚝뚝 잘라내는 송순
향 짙게 발효되는 날
비길 수 없는 향기로 세상을 풍미하리라
어르고 달랜다

눈가 짙은 주름에 묻힌 추억 속
우우 일어나는 희비 감출 길 없어
모든 걸 접어둔 채
뒤란에 드니

자두 그리고 체리
저희도 세상 물정 다 안다는 듯
갓 초조初潮 겪은
열세 살 소녀의 유두乳頭 크기로
푸른 첫 열매를 내뵈고 있어

울다가 웃다가
웃다가 울다가
어느 것을 앞에 놓을까
봄날의 나른함을 늘이고 있다

푸름이 된 날

푸르다
호수가 푸르고
산이 푸르고
하늘이 푸르고

그 색 조금은 달라도
같은 빛으로 '푸르다'고 한 뜻은
하나로 뭉뚱그리고 싶음에서 그랬을 것

어렵게 비집고 들어섰다
들어설 만큼만 공간을 남겨두었는지
사방이 푸름으로 꽉 차
한 치의 여백도 더는 없다

푸름으로 채운 촘촘한 밀도
밖으로 나왔을 때
자신마저
한 덩어리의 푸름이 되고 말았으니

오월 하순의 완주군 동상면 대아리
하늘 물 나무와 풀의 한 빛 푸름에 푹 빠진
싱그러운 결정체
조금의 후회도 없는 짙푸름으로의 변신

주상절리

두루뭉술한 덩어리로
기품 없이 사느니보다
우뚝한 주상절리로 살고 싶었지

모서리 서슬 퍼렇게 각 세워
하늘 우러르며
바닥에 깔고 앉은 바윗돌 앞에
보란 듯이 으스대는 오만

둥글게 말아 안은 등판 위에
자신을 추켜세우고도 말이 없는
너럭바위
풍마우습의 시련 고이 삭힌 성자인 줄
꿈엔들 알았으랴

틈새 갈라지고
각진 모서리 이지러지고
끝내는
뽐내던 허세 우지끈 허리 부러질 때에야

넉넉하게 조잘거리며
맑은 물 희롱하고 있는 조약돌

그 원만하게 엮은 삶의 역사
속 깊이 갈무리한 기쁨
새롭게 터득하고
다소곳이 고개 숙이는 보드라운 각도

보이느니 둥근 모양이요
들리느니 곱게 궁굴린 소리였다

소통

펼쳐진 설원
바삐 잠을 깨워야 할 이유가 없다
발자국 없는 원시의 미답
몇 컷을 고이 담는다

한 장 한 장 모여진 이야기들이
엮어낼 만큼
살이 올랐을 때
사진 위쪽 동그라미 속에 그려 넣고 싶은
정겨운 얼굴들이 떠오른다

구글(Google) 포토로 한 꿰미에 꿴 앨범
설원은 물론 저 하늘 어디에도 드러나지 않고
자기만 받았다는 기쁨에 푹 빠질 수 있도록
곱게 포장하여 날려 보낸다

부러운 일이 있다면
동면에 든 곰들이
영감을 통해 대화를 나눌지도 모른다는

그 가정을 우리 것 삼는 일쯤일까

모든 걸 다 알고 있는
하늘나라 주인공의 전령사인
흰눈
그래서 말없이 하강할 뿐이겠지

보리수菩提樹

언감생심
낙엽큰키나무(喬木)인 보리수菩提樹
산방꽃차례※의 노란 꽃을 똑똑 맺어
견과로 염주를 만드는 보리자菩提子나무를
꿈꿀 수나 있었으랴

유년의 그리움 고스란히 깃들어 있는
내 고향 뒷동산
억새 우거진 메마른 풀숲 한 귀퉁이
꽃이 핀 줄도 모른 채
허기진 배 졸라매던 건성굴레들에게
작은 열매로 보시하던 파리똥나무

가을 한복판
붉은색의 장과漿果※로
입 안 가득 고이는 침을 다독이는
인정머리 없는 욕망충족을 위해서가 아니라

그저

내 삶의 그림자처럼 함께 엮어온
향수 뚝뚝 듣는 추억
가까이 터 잡아주고 싶어서
정성 버무려 보리수菩提樹 한 그루 심은 거지

네 열매에 점점이 찍힌 파리똥의 숫자만큼
시도 때도 없이 너를 찾을 터이니
너의 몸뚱이 어느 한 자락에
똑 똑 짙은 점으로 찍어
고향 그리워하는 나의 마음 산算해 주렴

나는 지금
정 고이 깃든 네 이름을 타고
꿈에 그리던 고향을 향해
힘찬 내달림을 시작하고 있단다

※ 산방꽃차례 : 무한(無限)꽃차례의 하나. 꽃가지의 길이가 밑의 것은 길고 위로 갈수록 짧아 각 꽃은 거의 동일 평면으로 나란히 달림. 〈개망초 따위〉. 산방 화서(花序).

※ 장과漿果 : 과실의 한 가지. 과육과 액즙이 많고 속에 씨가 있음. 〈귤 · 감 · 포도 따위〉.

마음의 풍요

거짓말인 줄 알았지
기쁨을 나누면 배가 된다는 것

동양인의 예리한 미뢰味蕾까지 점령한
새콤달콤한 맛의 백미 블루베리
늦가을 곱게 익은 대추의 색과 모양이면서
차진 살로 몸 안 꽉 채운 대추토마토
조선오이 얌전함을 통째 제압한
까슬까슬함으로 치장한 늘씬한 가시오이
아삭아삭한 오이 맛 물씬 품은
싱싱함이 탱글탱글 넘치는 오이고추

바코드로 나타내는 값 같은 건
깡그리 무시하고
값으로 칠 수 없는 고이 가꾼 정성에
이른 아침과 해거름 굽어보던 흐뭇함
뭉떵뭉떵 나누어 담아 전하는 기쁨

튀밥 기계 벗어난 순간 '펑'소리의 위세로

삼십 배/ 육십 배/ 백 배 몸피 불렸으니
이보다 더 큰 보람 어디 있으랴
대풍의 흐뭇함을 만끽하며
빙그레 동반자의 얼굴을 바라보고 있다

날개 달다

산과 내 풀과 나무
고삐를 풀었습니다

걷고 뛰고 달리고 날고
신났습니다

바람의 졸라댐에 어쩔 수 없이
바위의 빗장도 풀었습니다

이리저리 쿵쿵 뛰며
지축을 울렸습니다

아내더러
보채는 어린 새끼들 돌보라 하고
밝은 해 뉘엿뉘엿 서산을 넘을 때까지
그들을 붙잡으려 넋 나갔습니다

그러다가 문득
덩달아 좋다는 걸 느꼈습니다

내일은 아내도 데리고 나오리라
벼르는 마음

더 풀어줄 것 없는지
두루두루 살피다가
오늘의 끝을 내일의 첫머리에 매면 되겠다는
나름의 생각을 굳혔습니다

쾌재

싱그러운 잎 무성한
느티나무의 묵언
드리운 그림자마저 짙푸르다

살 에는 겨울바람의 두터운 안면에
칼금을 긋던 까만 실가지 끝자락에까지
한 점 놓침 없이 생명을 담아
세월 엮음을 이어갈 뿐

꽃피고 열매 맺음을 으스대는
나이 어린 풀과 나무들의 촐싹대는 자랑쯤은
한 자락 스쳐 지나가는 바람인 듯
눈도 끔적이지 않는 모르쇠로

저 군건히 터 잡은 밑동의 나이테에
제 삶의 역사를
진하게 새겨나가는 행보

승자는 언제나

겨룸 그 너머를 짚어내는 안목으로
저 먼 먼 결판의 끝자락에
승리의 깃발을 꽂는다는 사실을

자신이
느티나무이기라도 한 양
한 자리 떡 버티어 선 채
만끽하는 쾌재

선입견

미국 사람들에겐 "콕카 두들 두 Cock a doodle doo"로
우리나라 사람들에겐 "코끼오"로 들리는
수탉 울음소리이듯

지금까지 그래왔기에
틀림없이 그렇다고 믿었지

하도 험한 세상이라서
?(갈고리)를 차고 유심히 새겨들으니

"쑥꾹! 쑥꾹!"이 아니라
"카톡! 카톡!"하는 것 아닌가

맞아
그 영리한 소쩍새가
디지털 시대를 어찌 그냥 넘겨 살리라고

자의自意

빗방울 떨구고 모퉁이 돌아가는
무심한 바람결도

햇볕을 갈래 타
곱게 빗질하는 솔 이파리도

한밤중 똬리 튼 채
제 울음 묵음으로 점철하는 풀벌레도

흐르는 세월 속으로 헤며
어둠 속 멍울 궁굴리는 배롱나무 꽃도

계절 엮음보다 더 또록또록
알알이 익어가는 과일열매들도

모두가 다

제 스스로의 뜻을 따르는
행보인 것을

또 하나의 독선

부쩍 자란 잔디를 깎습니다

풀은 깎일 때
향기 내뿜는다는 것을
증명해보임도 한순간
별리의 짠함이 질펀하게 눕습니다

그대가 오면
슬픔이 물러가고 기쁨이 오는 것
그대가 떠나가면
그리움도 잊히고 쓰림만 남는다는 것을
마음에 새기며 사는 우리와는 달리

또 새롭게 파란 싹이 돋으면
너희는 그냥
싱싱한 오늘만 있다고 생각할 거라는
나의 우매로

곱게 깎인 잔디

그냥 예쁨만 가지런히
마음에 담깁니다

제2장

문득 찾은 본연

고향집 옮기다

건사할 길 없어
고향마을에 남겨두고 온 집 한 채

여기저기 돋아난 풀들
신나게 줄달음하는 쥐 떼들
지붕 위의 이름 모를 갖가지 새들에
구석진 곳의 각종 거미들까지

모두가 다 제 나름으로
각양각색 집들을 짓고
이슬도 잡고 바람도 잡고
흐르는 세월도 엮으며 사는지라

토방 마루 방안 여기저기 떠오르는
옛 추억의 그림이며
마당의 개 짖는 소리 닭 울음소리까지
곱게 챙겨들고 물러나오고 만 옛 고향집

이제 고스란히

내 마음 속으로 옮겨놓았지만
수구초심首丘初心이라더니
고개가 자꾸만 그 쪽으로 돌아감을
어찌 할까

첫 만남

고운 심성을 바탕으로 한
예쁨은
낭중지추囊中之錐마냥 여기저기 빛어 나와
모두에게 흐뭇함을 안기고도 남았다

잠깐 멈추었다가 떠난 자리
붉은 장미꽃봉오리 환히 피어났지만
마음속에 피어나는 꽃에는
비할 바가 되지 못했다

안수정등도〈岸樹井藤圖〉※를 살피며 풀지 못했던
인간본연의 어려운 문제 한 가닥이
쉽게 풀리는 기쁨으로
새로이 저 앞을 바라보는 활력이 되었으니

너희의 마음 깊숙한 곳에 심어준
희망의 작은 씨알 한 톨
실하게 움트고 자라고 꽃피워서
고운 열매 맺기를 조용히 비손함에도

힘이 실렸다

※ 안수정등도岸樹井藤圖 : 인생의 본질 문제를 한 폭의 그림으로 표현한 것.
코끼리-인생무상, 우물-생사, 나무뿌리-목숨, 검은 쥐와 흰 쥐-밤과 낮, 네 마리 독사-생로병사, 벌꿀-5욕, 독룡毒龍-죽음 등으로 비유한 그림.
촌철살인의 비유로 유명함.
(해인사의 벽화에도 이 그림이 있음)

사랑에도 철이 들고

우리는
살기 위해 사랑해야 하고
사랑하기 위해 살아야 하는 존재

내 쪽으로 쏠리는 비중이 크면
큰 사랑이라도 이루어지는 양
여기저기
참 많이도 기웃거리고 다녔지

날 개면 밭 갈고
날 궂으면 글 읽으며 살아온
여든 해라고 일컬음은
분에 넘치는 과찬

수평에서 조금 더 덜어내어
내 몫 챙기지 않는 기욺을 받아들이는
철이 든 나이가 되었다는 게
합당한 말이지

이리도 편하게
자신을 사랑할 수 있는 길이 있는 것을
어찌 그리도 모르고
살아왔단 말인가

밖과 안 새로이 다지며

외곬으로
으스대다
뭉개어진 칼날임을 새로이 깨닫는
값진 벼름의 장

삿갓 김병연의 과거보았던 사연이듯
짓눌린 자임이 분명한데
짓누른 자의 편에 서서
날뛰던 무지를 일깨우는 순간

2F(forgive-용서, forget-잊어버림)의
상징이나 되는 듯
그럴싸하게 거들먹이던 허울을
나 스스로 홀라당 벗을 수 있는 순간

땅속 깊이 묻혔다 어렵게 움트는
쓰린 백제 혼의
한 촉이 되리라는 다짐처럼
진솔을 밝히는 굳센 용사로

'용서'하고 말끔히 '잊으며' 살아
어두운 세상 밝히며
하늘 우러러 한 점 부끄러움 없는
삶을 살려니

어머니의 정과 사랑으로
더 밝히 지켜보소서

문득 찾은 본연

어둠 속에서 희미한 밝음을 찾아내듯
서투름을 어느 정도 벗은지라
새 거점을 중심으로 지경 넓힘에 들어섰다

뼘으로 잴만한 산비탈 다랑이 논 몇 뙈기
묵힘과 손길 닿음이 섞여있는 밭 몇 되지기
울타리가 없어 너른 시야를 거느린 집
다가오는 문명을 저만큼 밀친 풍광이어도

고른 숨결로 따뜻한 햇볕을 받으며
똑똑 제 잎과 제 열매 익혀가고 있는
갖은 푸성귀와 온갖 과실나무들
허술한 자신마저
한 치의 거스름도 없이 하나로 섞였다

문득
발바닥 밑에 간질간질 돋아나는 실뿌리
어깨를 터 잡고 자라나는 실한 가지
머리 위로 탱글탱글 맺히는 빨간 열매

시공을 초월한 넉넉함에 젖는 자신
언제 어느 곳에서도 겪어보지 못한 새로움
거기 흠뻑 익몰할 수 있음에
들이쉼에도 내쉼에도 가슴이 팽팽해졌다

후회 없는 아퀴

가장 먼저 잎 피는 수양버들
그 기세에 슬금슬금 꽁무니 빼는 겨울
기죽은 김에 멱살을 잡아
아주 패대기치고 싶어 쫓아갔더니

섶다리 아래 그늘 속
다리의 다리를 붙잡고
미처 녹지 못한 얼음에게
역성을 청하고 있었다

그마저 벌써
살얼음 풀리는 소리에 기죽은지 오래
제 코가 석 자여서
설레설레 고개를 내젓고 있었으니

너 나 없이
서슬 멀끔했을 때
알게 모르게 베풀며 살아야하는 것

언뜻 불어온 훈풍이
흐르는 냇물에 나직나직 풀고 있는 가르침에
자신을 길게 되돌아보는 시간
거울 속에 그리는 체념이 짙다

충복

눈망울에 핑 돈 눈물로
낮은 톤의 코맹맹이 소리로
감복할 일 아니외다

저는 벌써
충복으로 굳어져 있는 존재
제 선택 같은 건 아랑곳없이
한 발 앞 관형어의 뒷자리에 놓이는
주체에 딸린 그럴싸한 종속물

허위가 앞에 오면
그 허위의 충복이요
진실이 앞에 오면
그 진실의 충복일 뿐입니다

하여
내가 충복이어서
당신이 연인이 된 게 아니라
충복 앞에 당신이 자리한 순간부터

‘연인의 충복’이 되었을 뿐이니

의무도
권한도
모두 당신의 것입니다

그 말도 맞은 거였네

느리게 흐르는 강물
구름도 큼지막하게 내려와 있다

강물 따라
구름도 천천히 흘러간다는 이
아니라고
강물만 흘러가는 거라는 이

나무처럼
제 그림자의 발목을 딛고
제자리 선 채
한참을 겨루다가

우기던 소리 이울고 나니
언제 그랬나싶게
자기들 주장 한 데 섞은 뒤
보폭 맞춘 행보 이어간다

그들의 마음

강물 위에 그대로 남아있는 걸까
발길 따라 옮아가고 있는 것일까

그냥
서로를 추켜세우고 있었다

나보다 더 나를 아는

헐겁게 틈을 보이며 살아왔거나
집요하게 파고들었거나
그렇지 않고서야 도저히 이럴 수는
없는 일

삶의 터전을 옮긴 속마음을 꿰뚫었고
슬쩍 스쳐지나간 눈길이었는데도
자신도 미처 찾지 못한 정경을 읽어내어
하나하나 명패를 매단 치밀한 초상

'착하게 사는 아름다운 고집'※이라더니
이제는
갠 날에는 땀 흘리며 노역을 하고
궂은 날에는 머리띠 매고 글을 읽는 의지로
'주도면밀하게 삶을 운행하는 자'※※라 했다

어린 시절부터 여든에 이르기까지
제 삶을 졸졸 따르며 헤집고 갈래 타
똑 부러지게 매기는 명명

치부를 숨길 곳은 아무데도 없게 되었으니

영주산 꼭대기의 눈부신 일출 우러르던
그 마음 그대로의 자세로 되돌아가
당신의 기원대로 '일신월성日新月盛'※※※하도록
짙은 기도 올리겠음을 다짐할 뿐입니다

※, ※※ 시인 김남곤님이 『청경우독』, '내가 그린 시인 김계식의 초상'에서 필자를 일컬은 말.

※※※ 시인 김남곤님이 필자에게 선물한 액자에 담긴 글귀.

정의 불씨

끝내 잊힐 수 없는 정인지라

험한 고비 당할 때
그 앞에 문득

슬픔에 가슴 에임 당할 때
그 앞에 슬그머니

더욱이
기쁨으로 눈시울 적실 때
하늘 높이 떠받들어주던
눈에 짚이지 않는 환호로

없는 듯
몽근 잿더미 속에서
이울지 않는 불씨로 제 몸 태우다가
밝고 따뜻함으로 다가서니

흠뻑 안는 기쁨 감당할 길 없네

받음에 조금 더 보태어
나누어 줄 곳 찾음으로
자신을 활활 불태울 수 있으니
이보다 더한 행복 어디 있을까

오리궁둥이

땡볕 아랑곳없이
허기진 허리 펴지도 못한 채
긴긴 여름내 밭고랑 타고 넘다가
두렁의 기울기보다 더 굽어버린
농촌 어머니들의 그늘진 인생

얼굴가리개 붙은 모자를 뒤집어써도
장갑을 끼고 앏은 고무장화를 신어도
그 혈통 면면히 이어온 족속인지라
헐렁한 고무줄바지처럼
잘한 일이라고 편안히 바라보는 눈빛

어느 날부터인가
엉덩이에 달라붙은 괴상한 모양에
허리를 거머쥐고 웃다가
쪼그리고 앉아 일하는 이들
너 나 없이 차고 살아야만 하는
필수품이라는 걸 알게 되었지

따가운 햇살 내려쬐기 전에
하늘나라에 계신 허리 굽은 어머님께
꼭 맞는 오리궁둥이를 가져다드리고라도
안고 가신 요통을 찾아오고 말리라는
각오를 굳힌다

진즉 그럴 일이지

촘촘하면
옹졸하다고 할까 보아

성근 그물로
그대 마음 붙잡으려하였더니
매임 없는 바람결로
저만큼 빠져나가며 안기는 허탈

살갗 스친 차가움만
앙금으로 남아
'하루거리' 걸린 아이의 신열처럼
포기와 미련을 반복하다가

벌써 내 품에 들어
쌔근쌔근 잠이 든 순응에
고운 꿈 듬뿍 안기며
예쁘게 엮인 새끼 타래를 늘이는 자족

남의 점수 매김 같은 건

훌쩍 넘어선 자신만의 결실을
질서정연하게 갈래 타
실하게 갈무리하는 기쁨에 젖는다

매듭짓기

기쁜 마음
오래도록 붙잡아두기 위해
짧고 굵게 문서 한 장을 만들곤
그럴싸하게 꾹꾹 낙성관지落成款識한다

두인頭印으로 눈길 잡아끌고
저 아래쪽
백문白文〈음각陰刻〉으로 새긴 성명인姓名印에
주문朱文〈양각陽刻〉으로 새긴 아호인雅號印으로 마감하니
기쁜 시간이 한 열매로 고이 맺혔다

제 누나에게 같은 문서 만들어 준 게
엊그제 같은데 벌써 네 해 전
그렇구나
세월 흐름은 그들의 성장과 비례하는데
나만 여기에 머물러 관망하고 있었구나

두어라

그 또한 몰래 품을 수 있는 기쁨 아니랴
지그시 감은 눈망울로
스쳐간 매듭들을 어루만지고 있다

극히 정상

"나를 그대로 따라 하세요."로
시작되는 청력검사

"나는 네가 내 딸이었으면 좋겠다."
……
"정말이요?"

"맞아, 정말 그랬으면 좋겠어."
……
"감사합니다. 감사합니다. 아버지!"

청력검사 판정 난에는
따라하지 않은 것은 아무렇지도 않게
〈극히 정상〉이라는
네 글자가 뚜렷했다

값진 우매

우르릉 꽝 천둥소리에 넋 나간
그 앞에
짙은 허공 쩍 가른 번개 있었음을 알고도
꼭 〈천둥 · 번개〉의 순서라야 직성이 풀리는

붙박은 듯 멈춘 달
구름 속 지나가는 것이라 우기며
구름에 달 가듯이※ 노래 따라 부르는

따뜻하게 다가오는 정
고이 빚은 그릇 있어야 담긴다는 것
벌써 알고서도
준비도 하지 않고 거저 받으려는

숱한 반복 아니고는
얻을 수 없는 이 값진 우매
오래도록 갈무리해야 할 보배 아니랴

※ 박목월의 시 〈나그네〉에서 인용함.

제3장

자업자득의 굴레

맑고 깊은 우물

미치는(狂) 사람이 있으면
미친다(及)는 말 때문에
그리 되었으리라고

객지의 서러운 떠돌이 삶이
몸과 마음의 복판 에일 때마다
문득문득 떠오르는 포근한 고향 생각
마음속에 품어 살아온 때문이지

반가움이 시큰한 콧날을 타고
굽이굽이 부단히 파장波長을 친지라
벌써 형이야 아우야 누나야 누이야
같은 쪽으로 머리 두른 여우가 되었다

우리를 고이 길러주신 어머니
이제 그 어머니를 위해
서슬 퍼런 필봉을 든 우리 문우들
한마음 한뜻으로 여기 모였으니
한 점 한 획 찍고 그을 때마다

찬연히 빛나리라
우리들의 영원한 마음 속 고향

자업자득의 굴레

한하운의 발가락 떨어져 나가듯
정성들여 가꾼 정 하나
또 떨어져 나감에

울컥한 마음 달랠 길 없어
옹이로 박힌
못된 습성이라도 하나 떨쳐내 보려고
심신 바스러지는 싸움을 잇고 있다

쌓인 줄 모르게 굳어버린 악의 더께는
끄떡도 없이 주인 행세인지라
손 비벼 사정해볼까
눈 부라려 엄포를 놓을까

편안함에 길든 자신은
벌써 목에 줄을 맨 종이라서
자의는 깡그리 무시된 채
옴짝달싹할 수가 없다

몸에서인지 마음에서인지
끊임없이 이어지는 비통의 눈물로
온몸을 적실 뿐

촘촘한 어레미로 걸러도
아무것도 잡히지 않는
빈 시간 흐름만 쓸어 모으고 있으니
이 안타까움 어찌 할거나

영별의 의미 새기다

"며칠 후 며칠 후
요단강 건너가 만나리"

ㅁ ㅕ ㅊ ㅣ ㄹ ㅎ ㅜ
ㅁ ㅕ ㅊ ㅣ ㄹ ㅎ ㅜ
그 음운音韻 하나하나가
몇 년쯤의 시간을 의미함일까

요단강 가에 이르러
하나님의 품에 안기기를 기다리는 사람에겐
그 'ㅁ ㅕ ㅊ ㅣ ㄹ ㅎ ㅜ'가
희열일까 고통일까

앞서가신 이
일러주겠다는 약속 지키는 이 없으니
끝내
자신이 터득해야 할 일이란 말인가

밝은 웃음 만면에 머금은 당신이

한없이 부러운 무리들
“며칠 후 며칠 후 요단강 건너가 만나리”
만 애꿎게 불러대고 있다

자폭自爆

내 오늘은 작심하고
겁 없는 소리 한 번 질러보려고 하네

혈통이 달라서 그러는 거라고
아니 무식해서 그러는 거라고
목에 칼을 씌워 대중 앞에 조리돌려도
다 받아드릴 각오는 이미 서있다네

여러 시인의 시가 한 데 묶인 문예지를 읽다가
몇 번을 되짚어 읽고 행간을 다시 더듬어도
도저히 그 의미를 알 수 없는
뱉을 수도 없고 더구나 삼킬 수도 없는
목에 걸린 가시 같은 시를 만나면

저 아래에 예쁘게 놓인 프로필을
조심스레 살피게 되는데
○○신문 ○○일보의 봄을 비집고 나온
신춘문예 출신이 많다는 점
(물론, 신춘문예 출신이 다 이런 시를 쓰는 것은 아님)

관념시를 쓰고 있는 너 같은 흙수저가
사물시 디지털시 하이퍼시 형이상시 디카시 등등
저 높은 윗자리에 놓인 금수저인
서슬 퍼런 현대시를 어찌 알랴
호되게 내려치는 매질에 정신이 혼미해지지

그려내고자 하는 시상 문장의 구성 선택된 시어
줄줄이 꼬집어야 할 허점투성이인데
더 어려워 알아들을 수 없는
아리송한 말로 칭찬을 늘어놓는 권위자의 시평

평가자는 모호함의 그늘에 숨어 힐난을 피하고
독자와 청자는 그냥 고개만 끄덕이면
그 반열에 들어 호가호위할 수 있는데
나처럼 무식을 드러내는 멍청이로
똥바가지 뒤집어쓰기를 자초하는 사람 있으리라고

밟힐 때 회광반조와 같은 마지막 꿈틀이라도
숨 떨어지기 전 단말마의 찍소리라도
한번 쏟아내야만 속이 후련할 것 같아

홀라당 벗은 나신으로 이렇게 높은 단상에 서서
죄도 없는 하늘에 삿대질을 하는 것이네

갑질

으악새는 물에 사는 새
배따라기는 바다에 사는 새

그의 위세 앞에
아무도
아니라는 말을 하지 못했다

무식은
무쇠로 굳어 쇠방망이가 된지라
그의 휘두름이 두려워
마른 침만 꾹꾹 삼키는 세상

빈들에 서서
으악새는 보아주지도 않는 허공 씻음을
홀로 이어갔고

뱃머리에서
배따라기 춤사위는 노랫가락도 없이
처량하게 이어지고 있었다

신념 굳히기

"그건 새끼 개가 아니고 개새끼다
그건 새끼 쥐가 아니고 쥐새끼다
그건 자빠지면서 웃긴 게 아니라
웃기고 자빠진 게다"※

우리들의 확고한 신념은
크고 높고 굵은 데에만 있는 게 아니라
바람의 겨드랑이 간지러움 같은
미미한 데에도 존재하는 것

적군과 아군 아군과 적군
바꾸어놓아도 아무렇지 않을 일에
열을 올리고 있는 이 가관

스마트 폰에
제대로 찍히지도 않는
얼굴빛 읽으려고 덤비고 있는
나른한 봄날 뒤 나절

5월의 철쭉은
무슨 의미로 만발한 것인지
그 터득한 신념을 굳히려고
또 이렇게 덤비고 있다

※ 시인 정무현의 시 〈확고한 생각〉 중에서 인용.

젖은 독백

이기는 자와 지는 자
주는 자와 받는 자
보내는 자와 떠나는 자

부단히 이어지는 숱한 대칭
이쪽과 저쪽 하나하나의 자리에
자신을 대입해가며
상대를 읽어나가는 의미를 짚는다

으스댐을 덜어 달램의 포용을
받음의 기쁨을 넘어 주는 기쁨을
뿌듯이 품어 안다가

끝내
떠나는 이의 입장에 들어서서는
설정도 어려우려니와
그 처지가 통째 아쉬움이라서

먼 하늘에 시선을 꽂은 채

아무도 모를 긴 묵상에 빠진
이 무언의 독백
'나는 그냥 나일 뿐'인 것일까

두부 빚기

심난한 날이면
들들 제 추진 삶을 간다

오른손으로 어처구니 붙잡고
쉼 없이 돌리면서도
왼손으로 주둥이에 쥐어 넣는
아쉬움 한 줌 서러움 한 줌

제 마음 훤히 읽는 양
푸념 한 마디 없이
물에 불린 콩 곱게 갈아내는
맷돌

앙금 한 데 뒤섞인 콩물
솥 안에 담겨서까지
부글부글 게거품을 입에 물고 앙앙대지만
간수 한 종지에 고이 이울 줄 내 알아
네 참음보다 나의 인내가 더 질다

두부 판에 꾹 찍어 누르면
그제야
다소곳이 틀이 잡히는 너

곱게 익은 줄 내 어찌 모르랴마는
생生 자 한 자 붙여줌으로
내 삶 닮은 안쓰러움을 위로하노니
이제부터는 네 갈 길 찾아가거라

그만큼만

하늘과 땅의 짝짜꿍 궁합
깨가 쏟아지다가
가끔씩 어울림 살라먹고 투정부리는 날에는
해와 달은 팽개쳐진 미아가 되고

산은 온갖 나무와 짐승과 새
깃들여 살게 하는 포근함이어도
같잖은 인간들의 무례가 싫은 날에는
꺽꺽 산울림을 토하고

바다는 모든 걸 받아 안으며
짜디짠 염기로 쌓인 해감까지 정화하다가
때로는 토사곽란으로
배를 엎고 해변을 덮치지

한자리 붙박은 미동의 바윗돌도
햇볕 쨍한 날에는 품은 석영을 반짝이고
푸른 이끼로 숨을 쉬며
바람이 안긴 역사를 갈무리하느라

알은 체도 안하지

어찌 무의미한 존재가 있으랴
별들의 껌벅임 그 숫자와 의미 모르고 살 듯
벌 나비가 여린 촉수로 꽃을 읽는 만큼만
내 몫 내어 살아가면 되는 것이지

힘의 비장

슴베의 깊이
눈 씻고 덤빈다고 보이랴

내보이는 무게로의 겨룸은
아무런 가치도 없는 허울일 뿐

위장의 갈기 고이 눕히고
몸 안 깊은 곳에서 우러나오는 향취
안팎 서서히 적셔나감으로
뿌리를 깊이고 있다

내 쪽을 향한 새로운 눈빛 몇 가닥
시치미 뚝 떼고
마음 깊숙이 쓸어 담으며
소리 없는 힘찬 발걸음을 이어간다

무능

보고
듣고
이만큼 배우고 익혔으면

붙잡아 올리려는 힘
끌어내리려는 힘
거뜬히 물리치고

멈추고 싶은 허공에
공중 부양할 수 있는 능력 하나쯤
갖추었어야 하지 않겠는가

무슨 미련 그리도 많아
가장 낮은 곳에 몸 붙이고
저 높은 곳 우러르며
세월 흐름만 헤고 있는고

별리를 지켜보며

담쟁이덩굴
수런거렸던 골목길
늦가을의 쓰린 조락마저도
눈석임물에 씻겨간 허탈한 정경

척후병처럼
고샅의 어둠을 타고 스며든 봄바람에
이장의 목 쉰 스피커 소리도 없이
담쟁이덩굴들 회의를 연다

줄기 어디에서부터 희생양 삼을까
줄기 어디까지 내 소속으로 간주하여
새잎을 피울까
분분한 의견

다음 해 푸른 잎 짙게 돋는 날
네 설움 말끔히 씻어주겠다는
선약은
장리 빚내어 끼니 끓이는 밥솥처럼

더 큰 아픔을 안겼으니

어찌 마냥
싱그러움의 아름다움을
왜장칠 수나 있을 것인가

하릴없음에

오른쪽으로 돌리면 조여지고
왼쪽으로 돌리면 풀리는 볼트 너트
오른편 위쪽에서 왼편 아래쪽으로 내리그어야
눈 설지 않은 넥타이의 줄무늬※

그건 그렇다손 치더라도

시계 얼굴의 숫자 배열은
상-12, 하-6, 좌-9, 우-3이어야 하며
초침 분침 시침 모두가 다
왜
오른쪽에서 왼쪽으로만 돌아가야 할까

일정한 크기의 봄, 여름, 가을, 겨울
제 특성 잘 살려나가면 오죽 좋으랴만
여름과 겨울의 내통으로
봄과 가을 시름시름 앓고 있음이 안타까워

아예 시침을 만들지 않은

시계 하나 눈 그린 뒤
분침과 초침만 살려 놓음 위에
깊은 호흡을 얹고 있다가

시간 흐름을 똑똑 일깨워
한번뿐인 인생을 겁박하는 상황을
모두 다 떨쳐내려고
불균형으로 돌아가는

계절의 언덕바지에 걸터앉아
하릴없는 자신을
방기放棄하고 있다

※ 2020년도부터 왼편 위쪽에서 오른편 아래쪽으로 내리긋는 무늬의 넥타이가 등장함.

오버랩(overlap)

족집게처럼 맞춘다기에
휘장을 걷고 사주팔자를 고스란히 내밀었다

중년까지만 해도 조금 힘들었지만
말년에는 비길 수 없이 모든 것을 갖추어
탄탄대로를 달리겠으며
배우자도 좋지만 특히 자녀들이 뜻대로 되어서
부러움을 사는 운명運命인데

특히 남다른 건강을 유지함은
어느 누구에게도 비할 바가 되지 않아
딱 3일만 병석에 있다가
편안히 운명殞命할 운세라고

열아홉 해를 과감히 밀쳐버린 종합건강검진
그 대신 주기적으로 시행하고 있는 혈액검사 결과
면역기능/ 심혈관기능/ 대사증후군(고지혈증)/
갑상성기능/ 간기능/ 신장기능… 아주 좋다고
뚜렷뚜렷 들려주는 주치의의 음성

이래저래 안은 낭보로 붕 떠 있는 기분에
아랫배에 힘을 주고 눈을 크게 뜬 채
딱 짚어주는 운세의 끝줄을 읽었다
‘팔십이 세까지 편안히 살’ 운세란다

죽일 놈
내가 지금 몇 살인데
두 달만 지나면 팔십이 세가 끝난다
이놈아

아홉 개의 꼬리 달린 여우가 저만치서
살래살래 꼬리를 치며 달아나는 그림 위로
흰 가운(gown) 입은 김 박사의 빙그레 웃는 모습이
두텁게 오버랩 되고 있었다

제야의 단상 (2)

푸른 바다에서 붙잡힌 조기들이
썩거나 풍장도 되지 못한 채
염장鹽藏된 굴비로 꼬들꼬들하게 엮이어
생산지 지명인지 빛나는 영예인지 모를
〈영광〉을 추켜들고 전국에 배송되고 있다

베란다에 놓인 갖가지 화분들
이파리와 줄기와 꽃
제 모양 제 특색을 고스란히 드러내며
겨울 한복판을 보란 듯이 살아가도
시샘함 없이 서로를 떠받들거늘

한 몸 바쳐 남다른 선정을 펴겠다는
죄를 찾아내고 바르게 심판하겠다는
당대의 권력자들이 줄줄이 독방에 갇히어
받기 싫어도 받아야 하는 설날 아침의
독상 떡국 그릇이 앞당겨 오버랩 되었다

죄의 유무는

뒷날 칼자루 쥔 자의 몫임을 아는지 모르는지
불빛 찾아가는 부나비의 날갯짓
잔잔한 수면의 기포처럼 뽀글거리는 내세움
끝없이 뒤를 이어가고자 하는 세상 정경이
어쩐지 떠름하여

선달 그믐밤의 칠흑 어둠을
영원히 썩지 않을 나일론 끈으로
벌써 몇 두름째 엮고 있다

제4장

평안의 바탕

수궁

배메기 삶을 살던 시절에야
의식주 아닌 딴전 보일 리 없지

뉘엿뉘엿 서산 넘는 인생 해거름
쌓은 삶의 끌텅을 물끄러미 바라보며
어느 것에도 견줌 없이
그 값을 셈 해봄에 늘어나는 산술 시간

제 젊음 지켜보았던 분 찾아와
만류를 물리치고
엮었던 고움 찾겠다고 묵은 밭을 허적이니
여기저기 제 몸 썩힌 밀알의 흔적

맑고 밝은 치하에
가벼이 하늘 나는 심신
오늘만은 어두운 뒤안길보다 밝은 앞길이
훨씬 길고 값지다는 것
뿌듯이 품어 안을 수 있었다

쉬운 셈법

그대는 해면海綿
내 마음쯤 통째 담고도 남을
넓고 깊은 크기의 해면

가다듬지 못한 자신을 고스란히 머금더니
순수를 그대로 되돌려주고도
제 고운 정까지 덤으로 얹어주는
사랑의 화수분

오늘도
그대가 되찾아준 맑음과
심신 푹신하게 안아준 보드라움으로
세상만사를 맑고 따뜻하게 바라볼 수 있음에

나이 덜어낸 산술로
바라봄의 각도를
한참 위쪽으로 치켜 올렸다

스카이댄서※의 심통

칠 척 장승의 스카이댄서
가게의 문 앞에 버티고 서서
손에 잡힘도 없는 하늘 춤을 춘다

언제나 인도 한 자락에 붙박고 서서
우측통행하는 차량을 향해
일정한 품세의 춤을 춘다

천하대장군에게는
늘 옆을 지키는 지하여장군이 있고
빙글빙글 돌아가는 샹들리에 아래에는
남과 여 제 각각 짝이 있는데
그는 언제나 외톨이 신세

주는 먹이는 늘 헛배 불리는 바람
해 저물면 그나마 통째 앗아가고
꼬깃꼬깃 접어대는
고통을 안기는 쓰린 분통

가게 문 쪽을 향해 내젓는 손길
밖으로 뻗을 때는 살며시
안으로 까부를 때는 기운차야 하련만
언제나 밖을 향해 힘차게 내치는 심술

주인은 언제쯤
그 깊은 속을 알는지 몰라

※ 스카이댄서 : 거리에 광고용으로 전시된 풍선 인형.

제몫 내기

세상 만물 하나하나를
제몫 내기하는 사람들을 일컬어
시인이라 하지

'난초'는 이병기 시인의 것
'8할의 바람'은 서정주 시인의 것
'촛불'은 신석정 시인의 것
'연탄'은 안도현 시인의 것

'나이테' 하나 선점하고 싶어
일곱 번째 시집 표제를 〈나이테〉로
그럴싸하게 시치미를 달았더니
선점자의 뒤돌아보는 흘김과
후진자의 발뒤꿈치 쪼아댐이 심상치 않아

스물네 번째 시집의 표제를
〈나이테에 그린 꽃무늬〉로
'꽃무늬로 수놓은 나이테'인 속마음을
은근슬쩍 드러냈지만

몇 분이나 마음 문을 열어 인정해줄지

10월 31일을 제 것 삼아
그럴싸하게 '잊혀진 계절'로 바꾸어
애절한 가락에 그 마음 촉촉이 담아
가을 연인들의 심금을 울리는
가수 이용

그대 또한
앞선 시인의 하나이었음을 수긍하며
시큰한 콧날로
마음 깊숙이 새겨들고 있는
시월의 마지막 밤

핑계의 뿌리

짙은 밤하늘의 두터운 정적 속
외로이 물먹고 있는 별 하나에
여윈 그리움의 뿌리를 내리고

아스라이 들려오는 새벽 닭 울음소리
햇살 흩뿌리는 맑은 이슬방울로
두터운 각질을 깨고
첫 숨을 길게 들이키는
정의 새싹

그리운 이
마음 부려 사는 쪽을 향해
우쭐우쭐 줄기를 뻗어가는
사랑의 향일성에
바람도 살랑살랑 수긍입니다

엮은 세월로 꽃피고 열매 맺어
외곬으로 키워온 사랑의 씨앗
똑똑 익혀내어

고스란히 안겨드리겠지만

이 모든 행보의 처음과 끝이
어찌
저 혼자서 책임질 일이오리까

평안의 바탕

잠자리의 몸 가벼움도
감당하기 어려운
낭창거리는 가느다란 회초리

밝은 겹눈 화등잔 만하게 휘둥글려
바람결에 흔들릴까 물길에 채일까
네 주변을 맴돌며
굳세게 자라기를 빌며 살아왔지

언제인지 모르게
우람하게 자라
뭇 시선의 우러름을 한 몸에 받는
뿌리 깊게 내린 거목이 되었구나

이제
날개의 무게를 재며 살아가야하는
한 쌍의 잠자리
수없이 그린 허공의 동그라미 끌어안고
한 삶을 곱게 아퀴 지어야 할 시간

네 튼실한 기둥에 몸 기대어
가려진 뒤편에서 밀려오는 온갖 두려움쯤
까맣게 잊은 채
조심스레 더듬는 뒤안길

두텁게 감싼 보굿의 든든함 위에
함께 겪었던 희로애락 하나하나 되새겨
찬란한 역사 엮어나감에
여력 한 데 모아 기도하리니

너 세찬 바람에도 흔들림 없이
이루고자 하는 꿈의 열매
알차게 굳혀가거라
바로 우리의 기쁨이요 평안의 바탕일지니

줄탁동시啐啄同時

이른 봄 옮겨 심은 묘목
낯선 터전과 차가운 날씨에
오들오들 떠는 깡마른 가지
어느 날 문득 파랗게 돋아나는 새싹

풀리는 날씨와 지심의 온기로
그리 되었으려니
스쳐지나가는 바람결의 어림짐작처럼
넘겨짚고 지내오다가

맑은 아침
날아드는 새들의 춤사위보다 한 발 앞서
어떤 의성어로도 그려낼 수 없는
고운 노래 소리 그 부름에 응답하였음을
무디게 알았지

꽃이 향기로 벌 나비 불렀거나
벌 나비 부름으로 꽃이 피어난 게 아니라
그 또한 줄(啐)과 탁(啄) 동시에 일어난

아름다운 산물이리라는 믿음에

호呼와 응應
응應과 호呼
동시에 이루며 살아가는 자신이 되기 위해
여기저기 짙게 터 잡은 무딤을
떨쳐내고 있었다

이제 철드나 보다

체적에서 면으로
면에서 선으로
그리고는 끝내 선에서 점으로

자신 있게 뻗어가던 촉수를
조심스레
안으로 오그리고 또 오그린
동그란 자족의 응축

움츠림과 으스댐이
성냄과 기쁨 슬픔과 즐거움이
요凹에 철凸이 포개져 평형을 이루듯
영근 자신을 새로이 빚는다

낮과 밤을 읽어 자전을 깨닫고
계절 바뀜으로 공전을 느끼는
그런 알량한 사리분별을 가리지 않고도
이렇게 기쁨 충만할 수 있음에

주어진 시공을
아름답게 채색하고 있다

마방진

목을 길게 빼고
앞을 지켜보고 있다

사전 준비가 통하는 게 아니라서
불안하고 초조한 마음 더욱 짙다
가로 세로 대각선까지
같은 값을 만들어내는 균형 아니고는
이름 붙일 수 없는 마방진

어른어른 시선의 초점을 맞추기 힘겨운
순간에 이를 때쯤
어렵게 한 곳 자리가 나고
들어섬의 명령이 떨어졌다

가장 큰 절대치絶對値로
자신을 드러내고 싶었던 욕심 접고

인접한 이웃들에게 인사를 올리고 나서야
홀로 존재할 수 없는

주어진 내 몫의 소중함을 끌어안았다

내 지켜 섰던 자리에 들어선 후계자
얼굴 가득 피어난 만족함
한 촉의 불빛으로 사방을 밝히고 있음이
마음 깊숙이 들어와 박혔다

영역

잔잔한 호면湖面 위에
후드득후드득 굵게 떨어지는 빗방울

너나없이
제 동그라미의 한가운데를 중심 삼아
세를 넓혀나가는 파문
그 부딪침의 소리가 시끌벅적하다

평상시의 친함을 바탕 삼아
제 세력을 넓혀나가려는 군상들
미답을 향한 치열한 줄달음이
호면 위의 빗방울과 꼭 닮은지라

보이느니
크고 작은 둥긂의 파장이요
들리느니
여기저기 승자의 우렁찬 쾌재

오늘도

한바탕의 소용돌이 속에서 얻은
내 몫의 전리품을 품에 안고

영원한 내 편인 파수꾼을 향하는
그럴싸한 인생살이 한 폭

얼마만큼 크냐면

원하는 대로 나온 결과
그로 하여 안은 기쁨

붕 허공에 날아올라
그 거추장스런 중력의 범주를 벗어난
홀가분한 자리에서
딱 스물네 시간을 버팀으로
자전쯤 까맣게 놓쳐버린 결과를 얻어
금년은 삼백예순네 날이 되어도 좋고

지구의 23.5도의 기울기
그 축 위에 뾀깡 올라서서
태양의 둘레를 크게 한 바퀴 도는
공전쯤 보란 듯이 넘긴 덕에
춘 하 추 동 사계절을 겪지 않아
내 나이에서 한 살을 덜어내어도 좋고

거울 앞도 아닌 곳에서까지
히죽히죽 웃음 흩뿌리고 다니다가

오해를 받아도 아무렇지 않을 기쁨에
폭 빠져버린 자신을
그냥 방치해 둔 시간만큼의 크기

유희遊戲

I

〈수란(水卵)〉 안주 삼아 술 마시고도
〈술 안 먹었다〉고 우겨대는 해학에
전기 절연체 〈뚱딴지〉만 알고
돼지감자가 〈뚱딴지〉인 줄도 모르면서
제 주장만 펴는 〈뚱딴지〉이다가

II

〈어처구니〉(맷돌손잡이) 없는 맷돌
돌릴 수 없음에서 〈어처구니없다〉는 말 나왔고
모든 걸 〈받아〉 품어 안으니
〈바다〉라 일컬음을 일찍이 알고서도
남의 매 〈시치미〉 떼어 내고
제 이름표 달고 〈시치미〉 뚝 떼는 얌체이다가

III

다리〈脚〉로 떠받친 다리〈橋〉 위에 서서
물끄러미 수면을 바라보며
〈삶〉은 정말 〈삶은 달걀〉일지도 모른다는

엉뚱한 생각에 젖어
〈암癌〉은 제대로 〈앎〉으로 다스리기만 하면
〈삶〉이 된다는 기도를 올리는 자신

국어사전 갈피 속에서 신나게 논
한바탕 유희

※ 수란(水卵) : 달걀을 깨뜨려 수란짜에 담아서 끓는 물에 반쯤 익힌 것.

암 그렇고말고

살얼음 같이 흐른 10여 년의 긴긴 세월
조심조심 디뎌 건너서 만나는
마음 뭉클한 해후

들러리인들
어찌 그냥 밋밋하랴
사방팔방 모여드는 거방진 정경

무르녹는 정겨운 대화
어울리는 추임새도
한 단계 격을 높여 짙게 익혀냈으니

협찬한 시작품이 실린 문집
때맞추어 날아들어 기쁨을 안기고
설 명절 미리 챙기는 사돈네의 선물
성큼성큼 걸어 들어와
정 나누며 사는 본을 보이고

늘 우리 잘 되기를 비는

서남쪽 친구 북동쪽 친구 잘 어울린 채
학익진으로 에워싸
분위기를 한껏 상승시켰으니
무엇을 더 바라랴

부르기도 전에 달려온 환한 빛이
댓돌에 부복한 채
다음 만날 날을 받아 적고 있었으니
오늘을 위해 다시 갈무리하는 어제
내일을 위해 오늘을 새롭게 엮는 삶

암 그렇고말고
이게 바로 참 삶의 보람인 게지

옷깃 여미고

고운 꽃 이운 뒤
푸른 하늘 우러른 이파리 접고
저승과 이승을 잇던 줄기마저
고이 꺾을 때

갈무리한 연꽃 향과 살아가는 지혜
덕진 연지 찾은 사람들은 물론
물닭에게도 청둥오리에게도 한 마지기씩 챙겨주고
피라미 물방개 소금쟁이에게도 한 되지기씩 떼어주고
조각배며 바람자락에도 갈 길의 촛불 한 촉을 들려주었지

연년세세 새롭게 현신하여
이제염오 불여악구 계향충만 본체청정 면상희이
유연불삽 견자개길 계부구족 성숙청정 생이유상
큰 가르침을 이어가는 힘 더욱 굳세어짐은
베풂 받은 만물들의 작은 보응이 한 데 모인 것

너의 품에 안겨 사는 완산고을 사람들

심신에 밴 연꽃 향기 솔솔 풍기며
네 가르침 닮은 삶 살아가나니
이보다 더 한 홍복 어디 있을까

※ 연꽃이 이르는 열 가지 가르침
이제염오離諸染汚 : 진흙의 더러움조차 흐림 없이 피어나다.
불여악구不與惡俱 : 한 방울의 오물도 씻은 듯이 떨쳐내다.
계향충만戒香充滿 : 오히려 향을 피워 싫은 냄새 씻어내다.
본체청정本體淸淨 : 언제나 제 몸을 맑게 유지하다.
면상희이面相喜怡 : 보는 마음 온화하고 즐거움이 절로 인다.
유연불삽柔軟不澁 : 줄기 유연하여 바람의 충격을 받아내다.
견자개길見者皆吉 : 보는 이마다 모두가 길하다.
개부구족開敷具足 : 곱게 핀 연꽃, 열매 맺음 분명하다.
성숙청정成熟淸淨 : 만개한 연꽃 빛깔 청정하기 그지없다.
생이유상生已有想 : 생김새 또한 모든 꽃의 표상이다.

되찾은 빛

솔깃이 이는
마음 속 일탈
그럴싸하게 합리화하고
쿵쿵 이는 설렘 헤아려 나가다가

게눈에 불어온 마파람처럼
끓는 콩물에 떨어뜨린 간수처럼
한순간에 평상심을 되찾게 하는
정수리 내리치는 후끈한 죽비

바라기라도 한 양
일렁임 잠재운 자리에 안도 불러 앉히고
짙게 드리운 어둠의 휘장을
힘차게 걷어내는 듬직한 몸짓

되찾은 빛으로
맑고 밝게 씻긴 심신 뿌듯이 끌어안고
언제 그랬나싶게
저 앞을 향해 군건한 발걸음 내디뎠다

제5장

되어 가는 중

동그랗게 안긴 정

드러나지 않게 저 아래 깊숙이
잔잔히 흐르는 정
산算 꺾어 헤아릴 수 있으랴

쓰린 마음 고스란히 들추어 몸 기대어도
풋내까지 안아주는 따뜻한 모정
갈탄 마음 적셔주는 단비요
어두운 앞길 짚어주는 나침반이지

가슴 파고들던 싸늘한 냉기
단숨에 바꾸어버린 온기
시들어가던 수족의 피돌기에 박차가 되고
흐린 초점 과녁에 꽂는 활기가 된다

아낌없이 뿌린 당신의 밀알 한 톨 한 톨들
열이요 백으로 뿌리내려
똑똑 여문 씨앗으로 열매 맺으리니

우리 그날엔 해와 달과 별

빛이란 빛 모두 끌어다가 세상 밝히고
곱게 키운 정과 사랑
만천하가 쩌렁쩌렁 울리도록 왜장칩시다

그래도 내일은 있다

표본실 청개구리
해부한 내장에서 모락모락 피어오르는
뿌연 김 속의 염상섭

고스란히 타고 남은 길가의 연탄재
발로 걷어 차버린
눈앞 가리는 먼지 속의 안도현

맑은 심안 가린 순간의 휘장일지 몰라도
찬란한 월계관 빛은 산실의 명패
어느 누가 쉽사리
흉내라도 낼 수 있으랴

홀랑 벌거벗은 나
어떤 음운 음소 음절 단어 구 절 문장으로
자신을 드러낼 수 있는
시 한 수 빚을 방법 없을까

오늘도

해변의 모래알 한 움큼 움켜쥐고
남다른 특징 지닌 것 하나 찾으려고
심안까지 고스란히 쏟고 있는 안달

벌써 다가와 버린
불발 앞에
또 한 번 깊숙이 무릎을 꿇지만
그래도 내일은 있다는 믿음

동면

겨울 복판을 향해
성큼성큼 걸어 들어가는 소양 종남산
조금만 멈추어 달라고 애걸해도
이글루 밖 차가움에 날 세운 칼의
시퍼런 난도질이다

기울어진 담장이 주워 입은 까칠한 그림 속
푸른 잎새 한 장
그마저
제자리를 못 잡고 떨어지는 집시랑 물로
오들오들 떨고 있다

힘 빠진 심장의 박동에 보폭 맞추어
싸늘히 식어가는 대지
오목렌즈 눈빛으로 햇빛 쓸어 모아 보지만
가당찮은 몸부림일 뿐

어디에 의지하랴
간간히 들려오는

송광사 추녀의 풍경 소리 따라
내장의 바람을 빼고 깊은 잠에 드는 것

아무도 날 건드리지 않기를 비네
내년 늦봄 묵은 상념 떨쳐내고
새로운 피돌기를 시작할 때까지

되어 가는 중

동류들과의 만남 속에서
기쁨을 찾으려고 부단히 헤매던
긴 혼돈

대자연의 가지런한 질서 속에
비집고 들어온 지
어언 삼 년
겨우 발바닥에 실뿌리가 돋고
머리끝에 뾰족이 새 움이 싹텄지

움켜쥐려던 손아귀가 풀리고
두 팔이 뻗어가는 가지가 된 뒤
마음 깊숙한 곳에 맺히는 열매로
자신을 새로이 명명하게 되었고

춥고 더운 날씨의 온도며
바람의 속도며
비와 눈의 두께와 무게며
향기 퍼져나가는 지경을 짚음으로

드디어 네 푸른 정적의
진수를
뿌듯이 만끽할 수 있게 되었으니

한 포기 풀로 한 그루 나무로
접하는 시공을 넘어
온전히 그가 되어감으로 얻는 것들
어느 것 하나 기쁨 아님이 없네

온고지신

한겨레
〈한〉의 뿌리 전주를 찾아드는 건
어머님 품에 안기고 싶은 귀소본능

한옥의 넉넉함 마음에 들이고
완판본 우리 고전 조용히 읊조리며
판소리에 고개 끄덕이는
한류의 멋

오방색 고이 비벼 하나 만들 듯
모남 없이 둥글게 고이 빚어
듬뿍듬뿍 안겨주는 어머니의 정

어제를 디뎌 내일을 열어가는 온고지신
새로운 힘의 충전일진저

새로운 꿈

흐르는 세월에
구차하게 목매달다가
꼴사나운 고사목 되느니

차라리
한 그루의 벽조목霹棗木※으로
차돌보다 단단한 옹골참 익혀

사랑하는 임의 이름 새긴
인감印鑑 도장이 되거나
그의 목에 애교로 매달린 목걸이가 되어
지킴이의 소임 다 함으로

의미 있는 한세상
새로이 살고 싶다

※ 벽조목霹棗木 : 벼락 맞은 대추나무.
요사스러운 잡귀를 물리친다 하여 몸에 지닌다.

제주 예찬

탐라국이라 하였더니
왜놈들 서툰 발음으로 '탐 나' '탐 나'

봉래蓬萊 방장方丈과 어울린 영주瀛州
삼신산의 위용일랑 저만치 가려두고
오늘은 태풍의 재앙 막아주는
엄청난 역할에 귀 기울이네

한반도의 후한 인심 넉넉한 삶을
시샘하여
북쪽을 향해 휘몰아치는
태풍이 밀려 올 때

내일을 훤히 읽는 한라산의 영특함에
돌하루방 묵직한 눈망울 부릅뜬 채
양팔을 왼쪽으로 쭉 뻗어 방향을 짚어주면
태풍은 단숨에
꾀죄죄한 섬나라 일본열도 쪽으로 방향을 틀지

환태평양 지진대와 화산대에 놓여
오들오들 떠는 걸 억지로 감추고 사는 놈들
또 태풍마저 고스란히 안게 되었으니
섬 제주는 이제 원망을 넘어 두려운 존재

속 후련함 안겨주는
보물섬 제주여
우리의 수호신으로 영원히 자리하소서

부대낌 속에서 찾는 기쁨

깊은 생각에 젖은 쌍봉낙타
그 두 봉우리를 바라보고 있다

배움의 집단으로 살다가
가르침의 집단으로
한 순간의 간극을 훌쩍 넘어
두 봉우리의 엮임 속에서 살아온 한평생

귀한 존재를 기르고 가르치는 자
처음으로 되돌릴 수도 없고
더더구나 버릴 수도 없는지라
시행착오가 생길까 오금을 저리며 살아왔지

사람과 사람 사이 〈人間〉인 인자因子
하나하나 제 지님의 위대한 가치를 지녔기에
이렇게 살갗이 닳도록 부대끼며
서로를 지켜주고 키워나가는 것 아닌가

쌍봉낙타 두 봉우리 서로 챙기는 마음

부단히 잇고 있는 그 눈빛 사이에서
소리 없이 찾아내는 삶의 보람

영주瀛州의 헌신

무슨 그리움 그리 많아
차마 가까이 다가가지 못하고
먼빛으로만 우러러 살아온 삶

나보다 더 나를 좋아하는 이
끝내 유선사※ 찾아보자는 은근한 회유로
외줄기 에돌아 살아온 삶을
기어이 한 살로 접목하고 말았다

멀리 떠나 놓치고 살아감을 모르는 척
그 자리를 그대로 지켜
멀리 칠산바다 한눈에 품어 안으며
호남평야 대자연의 서사시를 쓰고 있는 위용

석두石斗 석승石升 사라진지 오래여도
비룡망해혈飛龍望海穴 그 웅혼한 기운 조금도 변함없이
삼신산의 한 몫 지켜내고 있으니
난 어쩔 수 없는 네 소속의 한 촉

어미 젖 넉넉히 먹은 배부른 유아로
당신의 품에 쌔근쌔근 잠들지니
내려감은 눈빛으로 바라보시며
그간의 아쉬움일랑 말끔히 씻으소서

※ 유선사 : 정읍 고부 두승산에 있는 절 이름.

북극성

깃발 치켜든 별 하나
벌써 한 편 된 아군 셋을 길라잡이로
뜻 맞은 별 넷을 불러 들였다

일곱별로 북두칠성을 이루고
그 중 두 별인 〈지극성〉※이 가리키는
다섯 배쯤의 자리에
찬란한 항성 북극성을 놓았다

처음 추대 받은 자
더 큰 빛을 발하기 위하여
자신을 통째 소진 했으면 되었지만

큰 바람 하나 있으니
서로 돌아가며 북극성의 자리에 앉아
새로운 북두칠성의 우러름을 받으며
환하게 빛 밝히기를 바라는 일

그렇게 여덟별은

사발통문의 한 자리를 지켜 앉은 자세로
하나하나가 북두칠성이 되고
하나하나가 북극성이 되는 것이었다

※ 지극성 : 북두칠성의 국자 모양 끝자리의 알파와 오메가 두 별을 일컫는 말.
그 두 별 연장선상 5배의 거리에 언제나 북극성이 있음.

궁남지에서 다지는 약속

'이년 저년 별 년이 다 피었다'
궁남지 연지蓮池 주변에
연꽃 닮은
웃음꽃이 활짝 피었다

너털웃음 한바탕에 흐르는 눈물로
세속의 오염을 씻고
잔잔히 가르치는 연의 갖가지 가르침
하나하나 마음 깊이 새김에
새로운 힘을 얻은 우리의 다짐

김부식의 삼국사기로
일연의 삼국유사로
한 술 더 뜬 왜놈들의 백제 역사 말살로
더욱이 뭣도 모르면서 부화뇌동하는 후손으로
황당하게 날조 당한 백제의 아픈 역사

더도 말고 덜도 말고
본연의 사실 그대로 굳건히 재정립하자고

다지고 또 다지는 약속

저만큼
'평제탑' 아닌 '정림사지오층석탑'이
백제의 찬란한 역사와 문화
꽃 피고 열매 맺음을 보고 듣는 그날까지
이어나가자고

하나하나 용사들 거느린
장수가 되어
밝은 내일을 이루기 위한 방향을 향해
힘찬 발걸음을 내디뎠다

한글날에 세운 빗돌

- 구름재 박병순시인 시비 제막식

구름도 쉬어 넘는 고개 아래
한적함이 깃들어 몸피 불리는 산기슭
바로 이곳이 '구름재'※님 삶터였던 것을

가신 지 10년을 보태어
백수를 넉넉히 채운 오늘에야
〈봄눈〉 시 한 편 새긴 돌비석 들고
못난 우리 여기 왔습니다 사립 밀치니

서두름 없는 넉넉함으로
귀틀어진 마루 아래 토방에 내려서시며
마이산 닮은 두 귀로
찾은 뜻 하나하나 받아 읽으셨습니다

저만치
오백일흔하나※ 숫자 저 뒤편으로
'구름재' 앞세우신 세종대왕님 환한 용안
가을복판을 더욱 넉넉히 채우시니

홀소리 닿소리로 어울린 '어린 백성'※들
더욱 기가 살아나 덩실덩실 어깨춤 추며
세계만방을 향해
이제 우리를 따르라 왜장칩니다

※ 구름재 : 시인 박병순님의 아호.
※ 오백일흔하나 : 2017. 10. 9일은 한글 반포 571돌이 되는 날.
※ 어린 백성 : 훈민정음 서문에서 인용.

군에서 터득한 지혜

계급과 군번의 위계와 순서가
정연하다는 것과 비례한
푸른 제복으로 감싼 무개성의 동일성

군복의 사이즈에 몸뚱이를
군화의 사이즈에 발을 맞추어야 하므로
큰 것이 편하다는 것을 빨리 깨달음

밥이 반찬보다 많건
반찬이 밥보다 많건
항상 정확하게 맞추어 먹을 수 있는 재주

침상 3선에 줄 맞추어 설 때
발의 뒤꿈치가 아니라
발가락 끝을 맞추어야 하는 이유

남보다 잘 하는 것 드러냈다가는
제대하는 날까지
그 계통의 일 도맡아야 된다는 것

질서정연한 논리일지라도
상급자의 명령에 끝까지 제 주장을 펴면
용서받지 못할 하극상

물이 그릇의 모양으로 얼어
얼음이 되듯
언제나 명령에 복종하면 되는 것

흰 셔츠에 넥타이를 맨 사람과는 달리
보는 사람만 없다 싶으면
전봇대에 오줌을 누어도 용서받는 편안함

각양각색의 대중 속에 끼어 있어도
사람과 뚜렷이 구분되는 군인일 뿐
사람의 통계에 들어가지 않는다는 사실

하루하루 그어나가는
달력 숫자의 남음이 적으면 적을수록
기쁨에 가까이 다가간다는 것

군번표의 한 모서리 움푹 파인 곳이
전사 시에 이빨에 물리기 위함이라는
어쩔 수 없이 매달고 살아야하는 충성심

어떤 이유로건 군대에 가지 않은 사람보다
대우 받고 싶다는 충동이 일어도
입 밖에 뻥긋해서는 안 된다는 것
등등

- 알아야 하고
  알아서는 안 되는 걸 알게 된
  숱한 가르침
  끝내 자신의 피가 되고 살이 되었지

제대로 돌아가려고

눈 뜰 힘도 없어
눈 감은 채 돌아가셨다고 했더니

눈 뜨고 돌아가신 분도 있다기에
그건 눈 감을 힘이 없어 그런 것이라고
얼렁뚱땅 능구렁이 담 넘었지만

어디에서 왔기에
그 자리로 돌아가셨다는 말인가

육肉이야
흙에서 왔으니 흙으로 돌아갔을 게 분명하지만
영靈은
하나님이 생기를 그 코에 불어넣은 것이니
하나님에게로 돌아간다는 말이겠지

올곧게
제자리로 돌아가기 위해
내 심신 고이 가꾸는 행보를
이어가고 있다

마냥

별빛 찬란한 밤
아니어도

고운 꿈꾸는 밤
아니어도

너와 나의 싱그러운
아침을
똑똑 익히는 밤이기만 하면

마냥 좋겠어

작자의 후기

밝히고 싶은 이야기 한 꼭지

작자의 후기

밝히고 싶은 이야기 한 꼭지

전북시인협회(회장 김현조) 업무담당자로부터 스물한 번째 '전북시인상' 수상자로 선정되었다는 말씀을 전함과 함께 수상소감을 물어왔습니다.

짧게 소감을 밝히는 가운데, '시간과 공간의 만남으로 존재가 이루어지듯…, 날줄과 씨줄의 어울림으로 피륙이 빚어지듯… 금년에는 예년과 달리 질적인 면보다 양적인 면에서 수상자를 챙겨 균형을 맞추어보자는 뜻으로, 저를 택했다면 저도 수긍을 하겠습니다.'라는 소견을 드린 바 있습니다.

2003년부터 금년까지 1년에 한 권 내지 2권씩, 총 25권의 시집을 출간했을 뿐 아니라 지금 여기 선보인 26번째의 시집을 출간했으니까요.

오늘은 이렇게 다작多作하게 된 배경을 밝히고 싶은 게 제 마음입니다.

첫째, 1939년생인 제가 초등학교(당시 국민학교)에 입학

한 것이 해방 직후인 단기 4279년(서기 1946년)이었고, 초등학교 5학년 때 한국동란을 만났는데, 재학생 대표로 송사를 읽은 것이 제 시작詩作의 발아가 되지 않았나 싶습니다. 왜냐하면 그 뒤 6학년 때의 답사로 이어졌으며, 중학교에서도 송사, 답사 고등학교에서도 송사, 답사를 짓고 두루마리에 내리글씨로 쓰고 그것을 읽으며 시의 리듬과 낭독의 맛을 익혔으니까요.

여담입니다만, 당시 중학교 입시제도가 국가고시(1951학년도, 1952학년도, 1953학년도-3년간 시행)에 의한 방법으로, 선지원한 뒤에 그 취득한 점수로 합격 여부를 결정하던 때였습니다.

6 · 25전쟁의 뒤끝인지라 수복이 되었어도 밤으로 빨치산의 출몰이 빈번한 상황이라서, 주민이 산다는 것을 숨기기 위해 불 밝히는 것을 철저히 금지할 때였습니다. 자식사랑이 유달랐던 어머님께서 방문을 홑이불로 가리고 물동이를 옆으로 눕힌 속에 호롱불을 밝혀 제가 공부하도록 뒷바라지해주신 덕에 시골 촌놈이 읍내의 내로라하는 수재들을 제치고 정읍중학교에 수석 입학한 결과로 여러 선생님들 특히 국어선생님의 눈에 띈 것이 아닌가 싶습니다.

둘째, 고등학교 3학년 때 국어선생님이셨던 시인 김병수(당시 『하나』 시집 출간)선생님의 각별한 사랑을 받은 영향으로 대학의 국어 · 국문학과를 택하게 되었고, 대학에서는 이희승 교수님, 전광용 교수님, 양명문 교수님(그 때「명태」라는 시를 발표)을 비롯한 많은 문인 교수님들의 배움을 받게 된 것이요.

셋째, 국어교사가 되어 학생들을 지도하는 가운데, 특히 일기쓰기에 중점을 둔 바, 1) 시간별 생활일기 쓰기 2) 주제별 일기쓰기 3) 정형시 형태의 일기쓰기 등 다양한 방법으로 지도를 하는 가운데, 중학교 3학년 때부터 오늘까지 써오는 제 자신의 일기에도 큰 변화가 생겼지 않았나 하는 생각입니다.

중학교 졸업반이었던 1955년 초부터 1967년까지는 일반적인 생활일기를, 6년간의 교직생활 후 늦게 입대한 군대생활(3년간 KATUSA) 때는 간간이 시로 일기쓰기를 하다가, 제대 후 1995년까지는 산문과 시의 형태로 섞어 썼고, 드디어 1996년부터 오늘 새벽까지 약 25년간은 하루 한 편의 시로 일기를 쓰고 있으니 제가 생각해도 참 알다가도 모를 일입니다.

1996년부터는 컴퓨터로 일기를 쓰고 있지만, 그간의 일기에 담긴 제 글씨체만 보아도 시 쓰기의 새로운 면을 찾아볼 수 있으며, 중학교 동창들과의 모임에서 긴 세월 동안 제 시 작품을 통해 맞춤법을 익히고 시를 감상한 것과 현재 교회 모임에서 그동안 출간한 8~9권의 제 시집을 가지고 국어공부와 시 공부를 하다 보니, '가르치는 것보다 더 좋은 배움의 방법은 없다'라는 말 그대로 이것 또한 제 시작詩作 활동에 크게 도움이 되었다는 생각을 가지고 있습니다.

진즉 문단에 등단하고 싶은 마음이야 어찌 없었겠습니까만, 41년의 교직생활을 하는 가운데 장학사, 장학관 등 전문직에 봉직한 기간이 14년간인지라 도저히 마음의 여유가 없었기에, 2002년 전주교육장으로 정년을 한 그 해에야 한국창조문학의 문을 두드려 등단했고, 그 이듬해인 2003년에 첫 시집『사랑이 강물 되어』를 출간하게 되었습니다.

그런 뒤에 매년 한두 권의 시집을 출간하게 된 것은, 일기로 쓴 시요, 시로 쓴 일기들이어서 제 눈에는 한 수 한 수 그 당시의 시점時點이 눈에 보이는지라, 그 그릇을 비워야 다음 것을 담을 수 있다는 강박관념 같은 것이 작용하게 되어 다작을 하게 된 것입니다.

저는 제 기억력을 유지하는 방법의 하나로 몇 가지 항목들을 정해놓고 부단히 반복하여 외우고 있는데, 제 시집 26권의 이름을 외우는 것도 그중의 한 항목입니다.

1. 사랑이 강물 되어 2. 세상 엿보기

3. 산 빛 물빛 다독이며 4. 눈빛으로 그린 사랑
5. 당신이 있어서 좋은 세상 6. 물보라에 젖은 연가
7. 나이테 8. 징검돌 9. 왜목에서 만난 겨울
10. 내 삶의 반올림 11. 자화상 12. 대나무는 어울려 산다
13. 민달팽이의 독백 14. 뭇별 속에 묻어두고
15. 어둑새벽 16. 그림 속 시간 읽기 17. 빛의 함축
18. 꿈의 씨눈 19. 천성을 향해 가는 길
20. 연리지의 꿈 21. 하얀 독백 22. 청경우독
23. 영혼의 아침 24. 나이테에 그린 꽃무늬
25. 돌부처의 푸념 26. 마방진

이제 몇 권이나 더 세상에 내어놓을지 저도 잘 모르겠습니다만, 최선을 다하겠습니다. 모든 걸 이해하시고 너그러이 받아주시기 바랍니다.

감사합니다.

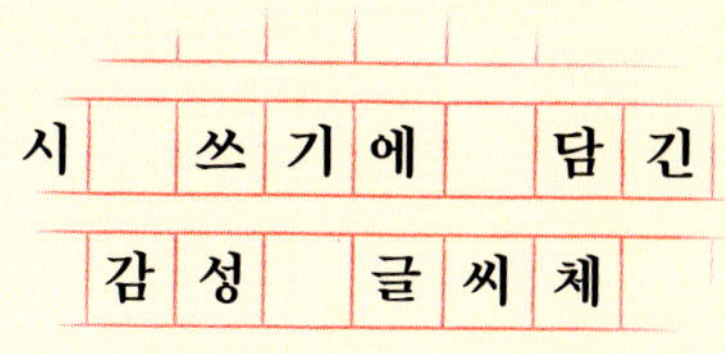
시 쓰기에 담긴
감성 글씨체

옛날(1965. 7)의 낙서첩에서

他意

한 올의 거미줄에 걸려있는
낙엽이 장난감이 되어
빙그르르 빙그르르
돌고 있다.

人間의 힘보다 强한 것.

機械를 使用치 않고도 자기들의
힘만으로
맘모드(Mammoth)의 건축을
이루었다.
萬有引力은 그의 노고를 치하하기 위하여.
逆으로 作用하고 있었다.
(매달린 벌집).

내 마음의 산책

1980. 1. 22 火.

現實을 떠나
훈훈한 steam의 熱氣속에서
내 마음은 熱을 받고
密語의 광장에 앉다.

살열음의 파열음같은 소리
포개어져 흐르는 秒針.
내 마음은 限없는 나래를 펴고
거칠어진 맥박의 고동을 셈하며
싸늘한 車窓으로 되돌아 오다.
굵게 패어진 주름 속으로
자리하는 憂愁
後悔없는, 來日에의 오늘을 爲해
조용히 눈을 감는다.

準備

1983. 1. 10.

한
서른
네해전
김밥싸서
어깨에 메고
선생님 뒤따라
소풍가기 전날 밤
잠설침이 생각 난다
내일의즐거움을 위해
바쁨마제면도뒤로하고
과일사고 술사고 과자샀다.
아내와 아이는 벌써출발연습
한파녹이는 즐거운 여행되기를
손모아 빌고빌며 준비하는 여행길.

航路

1983. 10. 6 (木)

건너야 할 망망대해 目的地는 잘 알아도
너무도 거친 파도 잘 모르는 뱃길이라.
사공은 저마다의 주장을 늘어놓고 있었다.

흐르는 물길따라 한 몸을 맡긴대도
피안에 다다를걸 몰라서가 아니외다.
사공은 순탄한 길을 항해하고 싶은거다.

祈願

1983. 10. 7 (金)

단장된 희열이
全身에 퍼지기도 前
한 生命의 落下를 보는 아픔.

날씨의 흐림같은 우울이
空白을 채우고
어둠이 깔릴수록
엄습하는 공포.

작은 두 손을 모아
不幸만은 막아달라고 비는 기원
祈願을 들어 주소서.

김계식 시집 26 **마방진**

인　쇄 2020년 11월 01일
발　행 2020년 11월 05일

지은이 김계식
발행인 서정환
펴낸곳 신아출판사
주　소 전라북도 전주시 완산구 공북1길 16
전　화 (063) 275-4000
팩　스 (063) 274-3131
이메일 sina321@hanmail.net
출판등록 제465-1984-000004호
인쇄 · 제본 신아출판사

ISBN 979-11-5605-830-4　03810

값 10,000원

* 잘못된 책은 바꿔 드립니다.

* 이 도서의 국립중앙도서관 출판예정도서목록(CIP)은 서지정보유통지원시스템 홈페이지(http://seoji.nl.go.kr)와 국가자료공동목록시스템(http://www.nl.go.kr/kolisnet)에서 이용하실 수 있습니다. (CIP제어번호: CIP2020046199)